河出書房新社

はじめに

日本には古くから続くお祭りがたくさんあります。
大勢の人が一体になって行うお祭りは、
人々を明るく、笑顔にしてきました。

お祭りを通して、その土地のことを知ったり、
見て楽しんだり、自分が生まれ育った日本の文化と
ふれあうことができます。

お祭りには、神様をまつるもの、豊作を祈るものなど、
いろいろな意味があります。

この本では47都道府県、各地域の代表的なお祭りを
イラストで紹介しています。

あなたが住んでいる地域のお祭りや
参加したことがあるお祭り、
知っているお祭りがあるかもしれません。

一冊を通してお祭りに興味をもち、
楽しんでもらえるようにまとめました。

北海道
東北地方

- P.4 北海道　さっぽろ雪まつり／オロチョンの火祭り
- P.5 青森県　青森ねぶた祭／八戸えんぶり
- P.6 岩手県　盛岡さんさ踊り／チャグチャグ馬コ
- P.7 宮城県　仙台七夕まつり／火伏せの虎舞
- P.8 秋田県　秋田竿燈まつり／なまはげ紫灯祭り
- P.9 山形県　山形花笠まつり
- P.10 福島県　相馬野馬追／木幡の幡祭り

北海道

冬のきびしい寒さと豊かな自然、独自の歴史と文化がある

札幌市
網走市

地域：札幌市中心部　時期：2月上旬　期間：12日間

さっぽろ雪まつり

きびしい寒さとふりしきる雪に閉ざされる北海道の冬。その雪や氷を使って楽しくお祭りをしようと、1950年にはじまったのが「さっぽろ雪まつり」。お城や恐竜、アニメのキャラクターなど200基以上の雪の彫刻（雪像）が作られます。

夜になると雪像がライトアップされてロマンチック！

お祭り期間中は、郷土芸能やコンサート、パレードなどが行われてにぎやか

わー大きいなー

雪像は大きいもので高さ約15メートル、雪の量は5トントラック約500台分

注目のお祭り

魂をなぐさめ豊作を祈る
オロチョンの火祭り

地域：網走市
時期：7月下旬
期間：1日

オホーツク人（モヨロ人）と呼ばれる先住民族たちの魂をなぐさめて作物の豊作を祈るお祭り。神と通じ合うことができるシャーマンという人が火をたき、燃える火のまわりで人々は民族楽器を弾きながら踊ります。

青森県

本州の最北端に位置し、りんごの生産量が日本一

青森市
八戸市

地域：青森市　時期：8月2日〜7日　期間：6日間

青森ねぶた祭

夏の夜に青森市中心部で行われる「青森ねぶた祭」。ねぶたとは、あかりを灯す巨大なあんどんに、昔話など伝説に出てくる主人公や武者の姿を描いたもの。「ラッセラー」のかけ声とともに「ハネト」と呼ばれる踊り子たちがリズムに合わせて踊ります。

農作業中におそってくる眠気を追い払う「ねむた流し」と七夕の「灯籠流し」が合わさってできた

ねぶたの中には1000個近くの電球が入っているんだって！

ラッセラー、ラッセラー！

ラッセ、ラッセ、ラッセラー

ハネトの衣装にはたくさんの鈴がぶら下げられ、踊るとシャンシャンと鳴りひびく

注目のお祭り

雪国の豊作祈願の舞
八戸えんぶり

地域：八戸市
時期：2月17日〜20日
期間：4日間

えんぶりは「えぶり」という田をならす農具の名前が由来で、豊作を祈るお祭りです。田植えなど農作業の仕草をあらわす踊りを「摺る」といいます。太夫と呼ばれる舞い手が、馬の頭をかたどった美しい烏帽子を大きくふりながら踊ります。

岩手県

北海道の次に大きな県、太平洋に面したリアス式海岸が有名

滝沢市
盛岡市
矢巾町

地域：盛岡市　時期：8月上旬　期間：4日間

盛岡さんさ踊り

老若男女問わず、たくさんの人が踊りながら盛岡市内をねり歩く「盛岡さんさ踊り」。勇ましくてかれいな一万太鼓や笛の音をひびかせ、踊り手は独特のかけ声を発しながら、パレードを行います。パレードのあとにはだれでも参加できる輪踊りが行われ、東北の夏の夜を楽しむことができます。

2014年に3437人で演奏し、「和太鼓の同時演奏記録世界一」として世界記録に認定された

サッコラーチョイワヤッセー

かけ声には「幸せを呼ぶ」という意味があるよ！

三ツ石神社の神様が鬼を退治し、それを喜んだ人々が「さんさ、さんさ」と踊りまわったのが祭りのはじまりといわれている

注目のお祭り

馬への感謝をあらわす
チャグチャグ馬コ

地域：滝沢市、盛岡市、矢巾町
時期：6月第2土曜日
期間：1日

色とりどりの衣装でかざられた100頭ほどの馬が、13キロメートルの道のりをねり歩きます。この地方は優秀な農耕馬「南部駒」の産地として有名で、馬の働きをねぎらい、無病息災を馬の守り神にお祈りします。馬につけたたくさんの鈴の音が「チャグチャグ」と聞こえることから名前がつけられたといわれています。

宮城県

江戸時代から東北の中心地として発展してきた

加美町
仙台市

地域：仙台市　時期：8月6日〜8日　期間：3日間

仙台七夕まつり

仙台藩主伊達政宗のころから続くといわれるお祭り。お祭りがはじまると、仙台市内中心部や周辺の商店街にごうかな七夕かざりがかざられます。お祭りの中心地であるアーケード街には、大きな吹流しをつけた高さ10メートル以上の笹がそびえたちます。商店街の人々は数ヶ月前から七夕かざりを準備し、そのごうかさを競います。

強い生命力と殺菌力をもつ竹は、魔を払ってくれると考えられたので、人々が願いごとをたくした

中国から伝わった織姫・彦星の伝説と、盆の精霊送りという行事が合わさって、七夕がはじまった

かざりは7種類あってそれぞれ意味があるよ！

吹流し
はた織りや芸の上達

巾着
商売繁盛

紙衣
裁縫や技芸の上達

短冊
書道や学問の上達

くずかご
清潔、倹約

投網
豊漁、豊作

折鶴
家内安全、健康長寿

注目のお祭り

防火と家内安全を願った
火伏せの虎舞

地域：加美町
時期：4月29日
期間：1日

この地方は、春になると奥羽山脈から吹く風が引き起こす大火事に悩まされていました。風をしずめるため、中国の「雲は龍に従い、風は虎に従う」という故事にならい、このお祭りがはじまったといわれています。町内を色あざやかな山車と虎がねり歩きます。お祭りの本部前で踊るのは地元の中学生たちです。

秋田県

美しい杉やきれいな水
おいしいお米に
めぐまれた地

男鹿市
秋田市

地域：秋田市　時期：8月3日〜6日　期間：4日間

秋田竿燈まつり

竿燈とは、1本の長い竹ざおに9本の横竹をつけ、そこに46個のちょうちんをつけたものです。それを1人でもちあげ、高くかざしたり、肩や腰など体の一部に乗せたりして技を競うお祭りです。竿燈の形が稲穂に似ているので、豊作祈願のお祭り、ともいわれています。

竿燈は大きさが4種類。
一番小さな子供用は、
ちょうちんが24個で
重さは5キログラム

地域：男鹿市　時期：2月中旬　期間：3日間

なまはげ柴灯祭り

伝統行事「男鹿のナマハゲ」と、「柴灯祭」という神事が組み合わさってできた男鹿の冬を代表するお祭り。真山神社境内にたき上げられた柴灯火のもとで、ナマハゲにふんそうした青年が勇ましく舞を踊ります。

すねについているのは
ワラでできた「ハバキ」。
ナマハゲがよそからきた
神様であることを意味する

ナマハゲは、豊作と
家族の健康を約束する神様

泣ぐ子は
いねがー
（いないか）

ドッコイショー、
オエタサ

かけ声に合わせて
技をひろうするんだ！

山形県

美しい山々に囲まれた自然豊かな県、さくらんぼの生産量ナンバーワン

地域：山形市　時期：8月5日〜7日　期間：3日間

山形花笠まつり

山形県内外から集まった踊り手たちが「花笠音頭」を踊りパレードするお祭り。ごうかにかざられた山車を先頭に、美しい衣装と花笠を手にした踊り手たちが、山形市内の目抜き通りを進んでいきます。「ヤッショ、マカショ」といういせいのいいかけ声と、花笠太鼓の勇ましい音色が真夏の夜にひびき渡ります。

ヤッショ、マカショ

ヤッショ！

花笠をいろどる紅花は山形県を代表する花

色あざやかな花笠を手に、1万人をこえる踊り手が大通りいっぱいに広がってパレードする

やさしい女踊りと力強い男踊りがあるんだよ！

福島県

広大な県土をもつ、東北の玄関口

二本松市
南相馬市

地域：南相馬市　時期：7月下旬　期間：3日間

相馬野馬追（そうまのまおい）

1000年以上の歴史をもつ伝統行事。よろいやかぶとをつけた500騎の騎馬武者が馬に乗って登場します。土けむりをあげてかける「甲冑競馬」や、打ち上げた花火から舞いおりる旗「御神旗」を馬に乗ってうばい合う「神旗争奪戦」などが行われ、まるで戦国時代のようです。

平安時代、平将門が、野生の馬を敵兵に見立てて行った軍事訓練がはじまりといわれている

馬につけられる馬具は、戦国時代から使われているものもあるんだ！

騎馬武者が身にまとう甲冑の部品はすべて手づくり。甲冑師と呼ばれる職人が製作から手入れまで全てを手がける

注目のお祭り

無数の旗とひびくほら貝
木幡の幡祭り

地域：二本松市
時期：12月上旬
期間：2日間

日本三大旗祭りの一つで、白幡を先頭に、百数十本のカラフルな幡が行進するお祭り。幡をもった人々は、ほら貝を吹く音がひびき渡る中、阿武隈の山間を通って木幡山をめざします。お祭りの前日には、裸で井戸水を浴びて、身を清める「水垢離」、当日には、成人の儀式である「胎内くぐり・権立よばり」などが行われます。

関東地方（かんとうちほう）

- P.12 茨城県（いばらきけん）　日立（ひたち）さくらまつり／鹿島神宮祭頭祭（かしまじんぐうさいとうさい）
- P.13 栃木県（とちぎけん）　百物揃千人武者行列（ひゃくものぞろいせんにんむしゃぎょうれつ）／発光路の強飯式（ほっこうじのごうはんしき）
- P.14 群馬県（ぐんまけん）　桐生八木節（きりゅうやぎぶし）まつり／すみつけ祭（まつり）
- P.15 埼玉県（さいたまけん）　秩父夜祭（ちちぶよまつり）／川越（かわごえ）まつり
- P.16 千葉県（ちばけん）　大原（おおはら）はだか祭（まつ）り／白間津の大祭（しらまづのおおまち）
- P.17 東京都（とうきょうと）　三社祭（さんじゃまつり）
- P.18 神奈川県（かながわけん）　チャッキラコ／流鏑馬神事（やぶさめしんじ）

茨城県

水戸市の納豆が有名。平地の面積が広く、農業が盛んに行われている

日立市
鹿嶋市

地域：日立市　時期：4月中の金曜日〜日曜日　期間：約2週間

日立さくらまつり

満開の桜を楽しみながら、桜並木のライトアップや神輿パレードなどさまざまなイベントが開かれるお祭り。「日立風流物」と呼ばれる巨大な山車が有名。その上には約15体のからくり人形がいて、お囃子に合わせて桃太郎などのしばいをします。

山車の中には約50人の人がいて、人形を操ったり、お囃子を演奏したりしている

180度回転したり、屋根が開いたり、舞台にはしかけがいっぱい！

高さ15メートル、奥行き8メートル、幅3〜8メートル、重さ5トンの大きな山車

イヤートホヨトホヤァー

丸くなって、長い樫の棒をカンカンと打ち合わせて踊るんだ！

地域：鹿嶋市　時期：3月上旬　期間：1日

鹿島神宮祭頭祭

もとは豊作と平和を祈るお祭り。今は春を呼ぶお祭りとして楽しまれています。4歳〜5歳の男の子が大総督役となり約300人の「囃人」を引き連れて行進します。

栃木県

世界遺産である日光東照宮や、餃子が有名

地域：日光市山内　時期：5月中旬、10月中旬　期間：各1日

百物揃千人武者行列

1616年に死んだ徳川家康は静岡県でほうむられ、その後、日光東照宮にまつられました。東照宮にまつられるさい、たくさんの武士や家来たちが行列をつくりました。この行列を再現したのが、百物揃千人武者行列です。現在は春と秋の2回行われています。

家康のほか、豊臣秀吉や源頼朝の御霊をのせた三つの神輿が行列をつくる

約1000人もの人が参加してるんだって！

よろい武者や刀をもった武者の格好をして神輿を守っている

注目のお祭り

心をこめて神仏をもてなす　発光路の強飯式

地域：鹿沼市
時期：1月3日
期間：1日

発光路の妙見神社で祭り当番の引継ぎ後に行われるもの。強飯行事の一つで、人々が人間界を訪れる神仏に心をこめたごちそうを作ってもてなします。一度に大量のご飯や芋、酒などをふるまうことから強飯と呼ばれています。

群馬県

山に囲まれ、夏は雷が多く、冬は「からっ風」が吹き乾燥した気候

桐生市
玉村町

地域：桐生市内各所　時期：8月上旬　期間：3日間

桐生八木節まつり

古くからあるごうかな祇園祭、七夕祭、商工祭など、地元のお祭りや行事をまとめて「桐生まつり」が生まれました。その後、楽しく歌って踊れる八木節を中心とした「桐生八木節まつり」となり、多くの人に愛され、現在まで続いています。

やぐらは、夏の夜を明るくはなやかに照らすんだ！

市内各所に建てられる大きなやぐらを囲み、輪になって八木節踊りを踊る

注目のお祭り

顔にすみをぬる すみつけ祭

地域：玉村町
時期：2月11日
期間：1日

江戸時代から続くお祭り。顔に黒いすみをぬられると、1年間病気にかからずにすごせるといわれています。天狗のお面をつけた人を先頭に、神様の入った箱をかつぐ人、太鼓をたたく人、顔中にすみをつけた大人や子供が家にやってきて、切ったダイコンを使って、人々の顔にすみをつけてまわります。

埼玉県

荒川や利根川などの河川が有名。一年を通して晴れる日が一番多い県

地域：秩父市　時期：12月2日・3日　期間：2日間

秩父夜祭

かつて秩父ではかいこを飼って、繭から絹糸を作る養蚕が盛んで、絹織物が作られていました。絹織物を求めて、江戸からやってくる商人たちをもてなすためにはじまったのが秩父夜祭です。屋台では屋台しばいや歌舞伎、長唄を演奏しながら踊る「曳き踊り」が楽しめます。

冬の寒い夜に太鼓の音がひびいて、次々と花火が打ち上げられるよ！

ドコドン、ドコドン

美しい彫刻がほどこされた屋台と、花笠でかざりつけた笠鉾。夜祭では笠をはずして曳かれる

注目のお祭り

ごうかな山車が行き交う　川越まつり

地域：川越市
時期：10月第3土曜日・日曜日
期間：2日間

川越は「小江戸」と呼ばれ、蔵造りの家が多く、江戸の雰囲気が残る町です。お祭りの見せ場である「曳っかわせ」では、向かい合う数台の山車が、囃子で競い合います。職人の技が込められたごうかな山車や、山車の上に乗った人形も見どころ。

千葉県

海と川に囲まれた県で農業と水産業が盛ん

南房総市 — いすみ市

地域：いすみ市　時期：9月23日・24日　期間：2日間

大原はだか祭り

神様に豊作と大漁を祈り、十数基の神輿が海に入って勇ましくもみ合うお祭りです。神輿をかつぐ千数百人のかつぎ手たちは、波しぶきを浴びながら、勢いよく神輿をゆり動かします。お祭りの見どころとして「汐ふみ」と「大別れ式」があります。

波と荒々しくぶつかることを「汐ふみ」というんだ！

夕方になると、神輿を高く上げて別れを惜しむ「大別れ式」が行われ、別れの歌をいっせいに歌い、それぞれの地区に帰る

注目のお祭り

1000年以上続く 白間津の大祭

地域：南房総市千倉町
時期：4年に一度の7月下旬
期間：3日間

日枝神社で行われ、国の重要無形民俗文化財になっています。全国でもめずらしいお祭りで、「ささら踊り」、「とひいらい」、「えんやほう」、「酒樽萬燈」からなる総称白間津踊りです。ささら踊りでは太陽と月の神の役の2人の男の子を中心に、少女たちが踊ります。

東京都

日本の10分の1の人口が集まる都市

←台東区

地域：台東区　時期：5月中旬　期間：3日間

三社祭

東京の下町の活気が熱く伝わってくるお祭り。700年の歴史があり、初日は鳶頭木遣りや白鷺の舞など、江戸伝統芸能が行われます。2日目には44の町から100基をこえる神輿が大集合します。最終日には、いよいよ本社神輿の登場。1トンもある三つの神輿をかつぎ手が荒々しく揺さぶりながらねり歩きます。

大きく揺らすと、神様の力が強まるんだ！

神輿を揺らすことで豊作や豊漁になったり、病気がなくなったりすると考えられている

サラーサラー

浅草神社には、浅草寺を作った3人の人が神様としてまつられている。それぞれの神様が三つの神輿で街を行き交うことから三社祭と呼ばれる

初日に行われる「びんざさら舞」は豊作を祈る踊り。びんざさらという小さな木製の打楽器を鳴らしながら踊る

神奈川県

港町や工業地帯など多彩な面をもつ県

地域：三浦市　時期：1月15日　期間：1日

チャッキラコ

女性だけで行われる民俗芸能。踊り手は、4歳から12歳までの晴れ着を着た少女たち。歌い手は黒い着物姿の大人の女性です。海南神社で歌と踊りを奉納してから、町の民家や商店を祝福してまわります。お祭りのはじまりは、海南神社の神様の妻が庶民に教えたという説や、源頼朝の前で母が歌い娘が舞ったという説があります。

少女たちは曲目に合わせてチャッキラコと扇を使いわけて踊るよ

チャッキラコ
竹に鈴と5色の紙をつけた鳴り物

扇

イン―ヨーイ
矢を射るときのかけ声

55センチメートルの三つの的へ次々に矢を放つ

地域：鎌倉市　時期：9月16日　期間：1日

流鏑馬神事

鶴岡八幡宮例大祭の中で800年以上前から行われている神事。鎌倉時代の武士が狩りをするとき身につけたような衣装で、境内にある254メートルの馬場を走る馬の上から矢を放ちます。鎌倉時代、源頼朝が行った「放生会」と「流鏑馬」が例大祭のはじまりといわれています。

中部地方

- P.20 新潟県　糸魚川けんか祭り／綾子舞現地公開
- P.21 富山県　高岡御車山祭／おわら風の盆
- P.22 石川県　あばれ祭／金沢百万石まつり
- P.23 福井県　敦賀まつり／王の舞
- P.24 山梨県　天津司の舞
- P.25 長野県　諏訪大社の御柱祭／新野の雪祭り
- P.26 岐阜県　古川祭／高山祭
- P.27 静岡県　浜松まつり／掛川大祭
- P.28 愛知県　花祭／亀崎潮干祭

新潟県

コシヒカリの産地で、冬はスキーやスノーボードが楽しめる

柏崎市
糸魚川市

地域：糸魚川市　時期：4月10日　期間：1日

糸魚川けんか祭り

五穀豊穣と豊漁を祈って2基の神輿をぶつけ合うお祭り。神輿をかつぐのは「若衆」と呼ばれる男性で、天津神社の境内で行われます。どなり声と土ぼこりがたちこめる中、重さ300キログラムの神輿がごうかいにぶつかり合います。この地方では、けんか祭りが終わると春が来るといわれています。

最初にお獅子や肩車された子供が入場して、「お練り」が行われる

10回前後ぶつけたあと、お互いが決められた位置から走る「御走り」が行われる

ぶつけられた神輿はななめになって、きしむんだ！

注目のお祭り

赤いユライが舞台に映える
綾子舞現地公開

地域：柏崎市
時期：9月第2日曜日
期間：1日

柏崎の女谷に伝わる古典芸能。女性が踊る「小歌踊」と、男性が演じる「囃子舞」、「狂言」を合わせて綾子舞といいます。小歌踊は、頭に赤いユライをかぶった女性が、はなやかな「小歌」に合わせて足拍子をとる踊りです。素朴ながら優美さがあります。また、衣装やふり付けが、初期歌舞伎によく似ているといわれています。

富山県

世界遺産の五箇山、ますの寿司や富山の薬売りが有名

地域：高岡市　時期：5月1日　期間：1日

高岡御車山祭

高岡関野神社の春祭りの行事。御車山と呼ばれる7基の山車が、ゆうがなお囃子とともに市内中心部をめぐります。このお祭りは、豊臣秀吉の御所車が前田利長にわたりその後、高岡町民の手にわたって、装飾がほどこされ、神社の春の祭礼日に神輿とともに曳きまわしたのがはじまりとされています。

江戸時代からの金工や漆工の技術でごうかな御車山ができた

太鼓に鶏

釣鐘

花笠の上にある鉾留にはちょうや、太鼓の上に乗ったにわとりをかたどったものなど、さまざまな形がある

胡蝶

地域：富山市　時期：9月初旬　期間：3日間

女性は円を描くようにしなやかに、男性は三角や四角を描くように勇壮に踊る

おわら風の盆

稲作に影響を与える台風をしずめ、豊作を祈るための行事です。雪洞が連なる古風な町の中で、「地方」と呼ばれる三味線や胡弓の演奏者が、唄い手とともにゆったりした「越中おわら節」を演奏します。踊り手は、そろいの衣装を着て、踊りをひろうします。

編笠をかぶってゆかたやはっぴを着るんだね！

石川県

昔ながらの家やお寺が残り、金箔が有名

能登町
金沢市

地域：能登町　時期：7月上旬　期間：2日間

あばれ祭

キリコと呼ばれる約40本の巨大な灯籠と2基の神輿が登場するお祭り。初日は、勢ぞろいしたキリコが燃え盛る大松明のまわりを乱舞し、2日目は男たちが神輿をかついで八坂神社に向かいます。その道中で神輿を海や川、火の中などに入れて暴れまわります。

キリコには文字が描かれ、中にあかりが入っているんだよ！

キリコは約7メートルあり、勢ぞろいすると大迫力

注目のお祭り

加賀百万石の伝統と文化をいろどる
金沢百万石まつり

地域：金沢市
時期：6月上旬
期間：3日間

加賀藩の初代藩主として石川県周辺を治めた戦国時代の大名、前田利家をたたえるために行われるお祭り。「百万石行列」では、武将から足軽まで、たくさんの衣装を見ることができます。市内各所で「子ども提灯太鼓行列」や、1万人以上が列を作って踊る「百万石踊り流し」などが開催されます。

福井県

日本でもっとも恐竜の化石が発掘される

敦賀市
若狭町

地域：敦賀市　時期：9月2日～4日　期間：3日間

敦賀まつり

「氣比の長祭」と呼ばれる氣比神宮例祭に合わせたお祭り。山車の上で武者人形が戦国絵巻の名場面を再現する「山車巡行」、金色にいろどられた神輿が市内をめぐる「神輿渡御」、消防団の鳶隊が演技をひろうする「敦賀消防団消防鳶隊」の演技など、たくさんの見どころがあります。

山車巡行

お祭り期間中は、各商店街が開催する「お祭り広場」ができたり、市民総参加のカーニバル大行進、民謡踊りの夕べなどが行われる

大人神輿や子供神輿など、20基近い神輿が市内をめぐる

山車巡行では6基の山車が市内をめぐり武者人形が戦国絵巻を再現するよ！

注目のお祭り

豊漁豊作や無病息災を願う
王の舞

地域：若狭町 ほか
時期：4月～10月（地域によって異なる）
期間：1日

春の訪れとともに町内では、各地の神社で春祭りが行われます。いくつかの神社では中世から伝承されている王の舞が奉納されます。これは、鼻高面をつけた男子が鉾をもって舞う神事芸能です。獅子舞や田楽とともに奉納されます。

山梨県

富士山や赤石山脈など山に囲まれている

甲府市

地域：甲府市　時期：4月初旬　期間：1日

天津司の舞

豊作や無病息災を祈って行われるお祭り。日本でもっとも古いといわれる人形しばいには、神様を模した9体の人形が登場します。「お舟」と呼ばれる円形の舞台が設けられ、舞台は幕で囲われています。2メートルほどの竹の上部に取りつけられた人形は、子供くらいの大きさです。

人形の舞は一の舞から五の舞まであるんだ！
はじめはゆっくり、次に早いテンポ、最後は再びゆっくりとしたテンポに戻るよ！

一の舞
一のささら様、二のささら様
ささらとは細かく割った竹を束ねて、こすって音を出す楽器。
2体いるので、「一のささら様」、「二のささら様」と呼ばれる

二の舞
一の太鼓様、二の太鼓様
ささら様と同じく、2体いるので、「一の太鼓様」、「二の太鼓様」と呼ばれる

三の舞
一の笛様、一の鼓様
笛様、鼓様、鹿島様の操り手は1人で、あとは2人〜4人で操る

四の舞
鹿島様
舞のとき、両手にもっている剣を観客に向かって投げる。
これを拾うとお守りになるといわれている

五の舞
姫様、鬼様
対になって舞う。
鬼様の舞ですべての舞が終わる

長野県

日本アルプスの山々がそびえる健康長寿の県

地域：諏訪市、茅野市、下諏訪町、岡谷市、原村、富士見町
時期：7年に一度の4月上旬〜5月中旬

諏訪大社の御柱祭

7年に一度行われ、伐り出した大きなモミの木を山から運び、「御柱」として神社の四隅に立てるお祭り。諏訪湖の周辺の四つの神社に4本ずつ、合計16本の大木が人の力だけで運ばれ、御柱が建てられます。

御柱は樹齢200年以上の木で、直径1メートル、長さ17メートル、重さ12〜13トンほど

御柱のはじまりは諸説あり、今から1200年以上前からあったといわれてるんだ！

注目のお祭り

大雪がふれば大豊作
新野の雪祭り

地域：阿南町新野
時期：1月14日・15日
期間：2日間

雪を稲穂の花にみたて、その年の豊作を願うお祭り。祭りの日に雪がふると豊作になるといわれています。おみくじで選ばれた人がご神体の仮面をつけて神となり、祝福を唱えたり、大地の生命力を蘇らせるための舞を舞ったりします。赤ずきんに長いワラのかんむりをつけた「幸法」、宮司がつとめる「お牛」などの神様が登場します。

岐阜県

日本の真ん中にあり、東西文化の交流地点

飛騨市
高山市

地域：飛騨市　時期：4月19日・20日　期間：2日間

古川祭

400年以上の歴史をもつお祭り。大きくわけて「神輿行列」、「起し太鼓」、「屋台行列」の三つの行事があります。とくに有名なのが、起し太鼓。直径80センチメートルの大きな太鼓を乗せたやぐらを数百人の男性たちがかついで町をめぐります。

起し太鼓

やぐらの上で太鼓を打つ人は「太鼓打ち」と呼ばれる

起し太鼓のすぐ後ろに付け太鼓をくっつけることが最高の名誉といわれている

付け太鼓

街のあちこちで丸太に太鼓を結びつけた「付け太鼓」が「起し太鼓」めがけて待ちかまえる

地域：高山市　時期：山王祭 4月14日・15日
八幡祭 10月9日・10日　期間：各2日間

高山祭

春に行われる山王祭と、秋に行われる八幡祭を合わせて高山祭といいます。どちらにも「屋台」と呼ばれる山車が登場します。大工、彫り師、塗り師、金工師など多くの職人の手で作られた美しい祭り屋台が特徴です。

屋台は3層建てで「麒麟台」、「鳳凰台」などの名前がつけられ、彫刻やうるし塗り、美しい金具やししゅうの織物でかざられている

からくり人形が演技をひろうする屋台が見どころ！

静岡県

北に富士山、
南に太平洋
名産はお茶や桜えび

浜松市　掛川市

地域：浜松市　時期：5月初旬　期間：3日間

浜松まつり

寺や神社と関係のない都市祭り。子供の誕生を祝って凧をあげる「初凧」という伝統行事を一つにまとめたものです。170以上の凧がいっせいに空を舞い、ラッパの音が鳴ると、凧の糸を上から乗せたり、下からすくいあげたりして切る「糸きり合戦」がはじまります。

凧は約2～3.5メートルもあって大きいね！

祝い凧には長男が生まれた家の家紋と子供の名前が入っている

注目のお祭り

大きな獅子が舞う
掛川大祭

地域：掛川市
時期：3年に一度、10月上旬
期間：4日間

掛川祭の中で3年に一度、盛大に行われるものが掛川大祭です。祭りのはじまりについてはいくつかの説があり、もっとも古い記録は江戸時代の中ごろのものです。大獅子と呼ばれる出し物は日本で最大級の獅子で、獅子頭の重さが約200キログラム、胴体の長さは約25メートルあり、200人近くで操ります。

愛知県

車の生産や八丁味噌を使った料理が有名

設楽町
豊根村
東栄町
半田市

地域：設楽町、東栄町、豊根村
時期：11月〜3月、この期間中に15地区で行われる

花祭

冬におとろえた大地の精霊たちを復活させるためのお祭り。「八百万」の神様を迎えて、豊作や厄よけを願います。「榊鬼」、「山見鬼」、「茂吉鬼」と呼ばれる鬼が登場し、次々と舞をひろうします。

榊鬼はお祭りの中で一番大事な鬼なんだ！

榊鬼

大地に新しい生命力や活力を吹きこむ鬼とされている

ヘンベという足踏みで悪霊をしずめ、五穀豊穣をもたらす

注目のお祭り

砂浜に山車を曳き下ろす
亀崎潮干祭

地域：半田市
時期：5月3日・4日
期間：2日間

神武天皇にささげる海辺のお祭り。勇ましい若衆が5輌の山車を町中で曳きまわし、干潮になると浜へ曳き下ろします。山車がそろうと、順番にからくり人形の舞が奉納されます。演目の一つである「傀儡師」は、「人形が人形を操る」もので、ここでしか見られない形態のからくり人形です。

近畿地方

- P.30 三重県　上野天神祭／円座のかんこ踊り
- P.31 滋賀県　長浜曳山まつり／日吉大社山王祭
- P.32 京都府　祇園祭／葵祭
- P.33 大阪府　天神祭／岸和田だんじり祭
- P.34 兵庫県　長田神社古式追儺式／灘のけんか祭り
- P.35 奈良県　春日若宮おん祭／當麻寺の聖衆来迎練供養会式
- P.36 和歌山県　那智の扇祭（那智の火祭）／笑い祭

三重県

歴史ある熊野古道や、伊勢神宮など信仰が深い場所が多い

伊賀市
伊勢市

地域：伊賀市　時期：10月23日〜25日　期間：3日間

上野天神祭

伊賀市の上野天神宮で、400年以上続いてきた歴史あるお祭りです。見どころは、百数十体の鬼が歩く「鬼行列」。先頭は、おはらいの道具の大御幣で、行列の最後に続くのが、9基のだんじり。また行列には子供たちが演じるかわいらしい子鬼のほかにも、悪鬼などの鬼が歩きます。

だんじり
各町が競って作る、ごうかな装飾幕や金具は、芸術性が高くはなやか

ふらふら歩くからひょろつき鬼と呼ばれているんだ！

笈持

3人のひょろつき鬼

「ひょろつき鬼」に泣かされた子供は、1年間病気をしないといわれる

斧山伏

釣鐘

注目のお祭り

かがり火のまわりで踊る
円座のかんこ踊り

地域：伊勢市円座町
時期：8月15日
期間：1日

伊勢地方に伝わるお盆のころの行事が「かんこ踊り」。「かんこ」は小さな太鼓のこと。踊り手が腰につけて、これをたたきながら踊ります。衣装は、白い馬の尾の毛で作ったかぶりものをかぶり、みのを腰にまきます。地域の豊かな実りをお祈りし、祖先への感謝と先祖の供養をします。

滋賀県

関西の水源に大きな役割を果たす琵琶湖がある

長浜市
大津市

地域：長浜市　時期：4月13日〜16日　期間：4日間

長浜曳山まつり

豊臣秀吉が築いた城下町、長浜にある長濱八幡宮の春の祭礼です。秀吉が長浜城主だったころ、男の子が生まれたお祝いに、町民に砂金を配りました。それをもとに曳山と呼ばれる山車が作られ、お祭りで登場したのが「長浜曳山まつり」のはじまりといわれています。

曳山の2階やそのまわりでは、「シャギリ」と呼ばれるお囃子を演奏する

曳山は職人の技術をいかして金やうるし、織物でかざられたきらびやかでごうかなもの

「子供歌舞伎」は曳山をもつ町の5歳から12歳までの男の子が演じ、毎年4つの演目が見られるよ！

2階建ての曳山の1階舞台では、「子供歌舞伎」が演じられて、お祭りの呼び物となっている

注目のお祭り

松明とともに坂を下る神輿
日吉大社山王祭

地域：大津市
時期：4月12日〜15日
期間：4日間

神様の結婚と出産を再現するお祭り。暗やみの中、松明の火とともに神輿が山頂から急な石段をかけおりる「午の神事」は、結婚をあらわしています。神輿を地面にふり落とす「宵宮落とし」は、神様の誕生を再現するもので、1200年も続いています。

京都府

お寺や神社に
たくさんの国宝がある。
文化を受けつぎ栄えた都

京都市

地域：京都市　時期：7月1日〜31日　期間：31日間

祇園祭

日本を代表する祇園祭は、約1100年も続く八坂神社の祭礼です。7月の1ヶ月間にわたって、たくさんの祭事が行われます。最大の呼びものは、山鉾巡行。はなやかにかざられた33基の山鉾が市内をめぐります。

祇園祭は、平安時代に疫病がはやったとき、神様をお迎えしてわざわいがなくなるよう祈ったことがはじまりといわれている

山鉾が曲がり角を曲がるのは大変。
車輪の下に青竹をしき、
水をまいて方向を変えることを
「辻廻し」という

一番大きな山鉾は、高さ約25メートル、重さ約12トンもあるんだ！

コンコンチキチ、コンチキチ

注目のお祭り

平安貴族の姿そのまま
葵祭

地域：京都市
時期：5月15日
期間：1日

平安時代の貴族の姿を見られる葵祭。縁起のよい葵の葉を、かんむりやえり、牛車につけたことから葵祭と呼ばれるようになりました。「路頭の儀」の行列は、総勢500人が、貴族の衣装を着て、京都御所から下鴨神社、上賀茂神社までをねり歩きます。牛が引く牛車もついたはなやかな行列は、まるで時代絵巻のようです。

大阪府

天下の台所、日本料理発祥の地

大阪市
岸和田市

地域：大阪市　時期：7月24日・25日　期間：2日間

天神祭

大阪天満宮で行われるお祭り。平安時代に、この天満宮の前の川から流した「神鉾」が流れ着いた浜で、神事が行われていたものがはじまりとされています。赤い頭巾をかぶった願人が催太鼓を打ちならす「からうす」や、3000人の行列が大阪天満宮から天神橋まで歩く「陸渡御」、「船渡御」などの神事が行われます。

東京の神田祭、京都の祇園祭とならんで、日本三大祭といわれている

船の数が増えて「船渡御」の形がまとまってきたのは、豊臣秀吉が大阪城を建てたころ。元禄時代に、大阪が栄えるのといっしょに天神祭は大きくなった

水上に打ち上げられる5000発の花火は迫力満点！

「船渡御」は、神様をのせた「ご鳳輦船」と、お迎えする100せきの船が川を行き交う

注目のお祭り

勇ましく躍動的な 岸和田だんじり祭

地域：岸和田市
時期：敬老の日直前の土・日曜日
期間：2日間

重さ約4トンものだんじりが全力疾走する、豪快で勇壮なお祭り。曳き手たちのれんけいで、直角に角をまがる「やりまわし」が見どころです。

兵庫県

世界遺産に登録された姫路城がある

姫路市
神戸市

地域：神戸市　時期：2月3日　期間：1日

長田神社古式追儺式

追儺式は、不幸をもたらす鬼を、家から追い払う行事。奈良時代以前から行われていました。現在は節分の豆まきになっています。神様の使いといわれる7人の鬼は、追い払われる悪い鬼ではありません。神様に代わって、松明で災いを焼き払い、よい年がやってくることを祈って舞う鬼たちです。

餅割鬼は一番の大役なので、ほかのすべての鬼を演じた人だけがなれる

餅割鬼
鬼家族の父

松明の灰をかぶったり、燃え残りの松明をもち帰って家につるすと病気にならないといわれている

鬼役を演じる7人は鬼宿にこもり、当日は朝早く須磨海岸で身を清める

尻くじり鬼
鬼家族の母

ほら貝と太鼓に合わせて、燃える松明やおのを手にした鬼たちが踊り、餅をおので割るしぐさをする

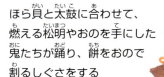

一番太郎鬼
長男

赤鬼
長女

青鬼
鬼家族の幼子

姥鬼
老女、青鬼のお世話係

呆助鬼
下働きのお世話係

注目のお祭り

日本最大のけんか祭り
灘のけんか祭り

地域：姫路市
時期：10月14日・15日
期間：2日間

3基の神輿をはげしくぶつけ合う灘のけんか祭り。昔、天皇のお后を乗せた軍船が、播磨灘の波にもまれてぶつかった様子をあらわしています。ケンゴーという長い棒で、神輿が倒れないように支えて、かつぎ手を守ります。ぶつかると神輿は壊れてしまうので、毎年、お祭りの1ヶ月前に修理して準備をします。

奈良県

都ができて1300年
「まほろば」（すばらしい ところ）と歌われた

奈良市
葛城市

地域：奈良市　時期：12月15日～18日　期間：4日間

春日若宮おん祭

人々を困らせた大雨と洪水をおさめた神事からはじまったお祭り。春日大社の若宮神社で、1136年から一度もとぎれることなく続いています。「遷幸の儀」で神様は、暗やみの中をお旅所に移されます。お昼すぎから、移った神様のもとへお供の人々が参る時代行列の「お渡り式」があります。

お旅所に行列が着くと、舞楽や神楽などの神事芸能が夜遅くまで続く

「お渡り式」は、平安時代の田楽や流鏑馬の行列、大名行列が続く。各時代の芸能や風俗がわかるものになっている

神様は24時間以内に戻らなければならない。17日午後11時から若宮神社に帰るための「還幸の儀」がはじまり、18日の0時になる前に終わる

注目のお祭り

菩薩が中将姫をお迎えに
當麻寺の聖衆来迎練供養会式

地域：葛城市
時期：5月14日
期間：1日

貴族の娘でありながら、尼僧となった中将姫。練供養は、この世に里帰りした姫を25の菩薩（仏様）が極楽へ導くという伝説を再現した行事です。菩薩の行列は極楽と現世をむすぶ来迎橋を渡って来ます。

和歌山県

上質な炭の備長炭の産地

日高川町
那智勝浦町

地域：那智勝浦町　時期：7月14日　期間：1日

那智の扇祭（那智の火祭）

熊野那智大社の例大祭は、燃える松明の激しい炎から「那智の火祭」とも呼ばれています。那智大社にまつられている12体の滝の神様が、年に一度、那智の滝に里帰りする様子をあらわしたお祭りです。松明をもつのは白装束の氏子たち。「ハリヤハリヤ」とかけ声をかけて、扇神輿を迎えるために石段ののぼりおりをくり返します。

大松明はヒノキの板をたばねたもので、重さは50～60キログラムもある

ハリヤハリヤ

扇神輿は、幅1メートル、高さ6メートル。木枠に赤い織物を張り、金の扇をかざる

笑え、笑え

扇神輿は滝の姿をかたどったもの。このことから「扇祭」と呼ばれている

注目のお祭り

笑いをふりまく「鈴振り」
笑い祭

地域：日高川町
時期：10月の体育の日の直前の日曜日
期間：1日

カラフルな衣装を着て、顔を白塗りにした「鈴振り」が、はやしたてながら、おどけて町をねり歩く、明るくて楽しいお祭りです。出雲の神様の集まりに寝坊してふさぎこんでいた丹生神社の神様を、村人がなぐさめ、笑わせようとしたという伝説から生まれました。

中国四国地方

- P.38 鳥取県　鳥取しゃんしゃん祭
- P.39 島根県　神在祭／諸手船神事
- P.40 岡山県　西大寺会陽 裸祭り／太刀踊
- P.41 広島県　管絃祭／南条おどり
- P.42 山口県　稲穂祭（きつねの嫁入り）／裸坊祭（防府天満宮御神幸祭）
- P.43 徳島県　阿波踊り
- P.44 香川県　桜花祭／中山春日神社奉納歌舞伎
- P.45 愛媛県　新居浜太鼓祭り／清水の五つ鹿踊り
- P.46 高知県　よさこい祭り

鳥取県

中国地方で一番高い山「大山」がそびえ立ち、平野と海岸に鳥取砂丘が広がる

鳥取市

地域：鳥取市　時期：8月13日～15日　期間：3日間

鳥取しゃんしゃん祭

鳥取県東部に古くから伝わる「因幡の傘踊り」をアレンジしたお祭り。江戸時代、ある農夫が傘をもって踊り、雨乞いをしたことがはじまりとされています。「しゃんしゃん」は地元の言葉で、「鈴の音がしゃんしゃん鳴る」、「温泉の湯がシャンシャンわく」というように使います。

「一斉傘踊り」では、4200人をこえる踊り子が、鈴のついたカラフルな和傘をもって踊る

しゃんしゃん

しゃんしゃん傘

「因幡の傘踊り」の傘をひとまわり小さくして、みんなが使いやすいようにしたもの。竹の骨組みに和紙を貼り、金銀の短冊でかざって鈴をつける

踊りに合わせて鈴の音が鳴るよ！

島根県

古代文化発祥の地。
神事や神楽が多く残る

出雲市　美保関町

地域：出雲市　時期：旧暦の10月11日〜17日にあたる日　期間：数日間

神在祭

10月は、日本中の神様が出雲大社に集まって会議をする月。全国の神様が留守になるので「神無月」と呼ばれています。ところが出雲だけは、逆に神様が集まるので「神在月」といいます。神職がおはらいをしたり、お祝いの言葉をささげたりと、いろいろな神事が続きます。

集まってきた神様たちを迎えるために行われる「神迎神事」

出雲の人たちは祭りのあいだ集まった神様たちに失礼のないよう静かにすごすんだ！

18名の氏子が太鼓の音に合わせて海へこぎ出す

ヤーヤー

地域：美保関町　時期：12月3日　期間：1日

諸手船神事

国をゆずれと迫られた大国主命が、事代主神に相談するために2せきの船を使いに出した、「国ゆずりの神話」を再現したお祭り。諸手船という2せきの船に、白装束の氏子が乗って海にこぎ出し、海水をかけ合って身を清めます。

船の長さは6.6メートル、幅はもっとも広いところで1.12メートル、深さは51センチメートルもある

岡山県

暖かく雨の少ないところ。
瀬戸内海沿岸には
工業地帯が広がる

岡山市
瀬戸内市

地域：岡山市　時期：2月第3土曜日　期間：1日

西大寺会陽 裸祭り

福を呼ぶというお守りの「宝木」を、白いまわしと白足袋だけの一万人の裸の男性がうばい合うお祭り。裸祭りとも呼ばれます。室町時代に、この寺の住職が授けたお守札を、集まった人たちがうばい合ったことが、このお祭りのはじまりといわれています。

聖なる木とされる「宝木」は、本堂の2階の窓から2本投げ込まれる

「宝木」を手にした男性は「福男」となり、1年間は福に恵まれるんだって！

「会陽」とは「陽（春）に会う」という意味

注目のお祭り

男の子5人で踊る
太刀踊

地域：瀬戸内市
時期：10月第4日曜日
期間：1日

牛窓秋祭りの日に、地元の御霊神社に奉納される伝統芸能です。踊り子のうち、男役2人は太刀をもち、女役2人はなぎなたをもち、1人は太鼓役をつとめます。お囃子に合わせて、くるっとまわったり、刀やなぎなたで斬り合いの型をつけたりして踊ります。

広島県

原爆ドームと厳島神社の二つの世界文化遺産があり、平和都市として世界に知られている

廿日市市
北広島町

地域：廿日市市　時期：旧暦6月17日　期間：1日

管絃祭

平安時代の社殿に貴族が池や川に船を浮かべた「管絃の遊び」。これを平清盛が神事にしたのがお祭りのはじまりです。潮が引いた午後4時に、厳島神社の神様を船にお乗せして対岸の地御前神社へ向かいます。船の上では神様のために管絃の音楽が演奏されます。

管絃の遊びとは、月や花をながめて、楽器を演奏すること。笛、太鼓、琴などからなる雅楽の演奏が楽しめる

神様をお乗せした船は「御座船」と呼ばれ、3せきの船に曳かれて進むんだって！

注目のお祭り

陣笠に羽織で勇ましく踊る
南条おどり

地域：北広島町
時期：5月 第2日曜日
期間：1日

1578年、地元の武将の吉川元春が、鳥取県の南条元続との戦のとき、家来を踊り子に変装させて攻めこませたことから、この踊りが伝わったとされます。武士の衣装の踊り手が、笛や太鼓に合わせて勇ましく踊ります。

山口県

本州の一番西に位置し、水産業が盛ん

防府市
下松市

地域：下松市　時期：11月3日　期間：1日

稲穂祭（きつねの嫁入り）

五穀豊穣・商売繁昌などを祈願するお祭りです。神輿や山車に続いて、旧街道を人力車に乗ったきつねの新郎新婦が進みます。親族やお供の行列も、みんなきつねのお面をつけて歩きます。行列がたどり着いた鳥居前の広場では、稲荷音頭の「輪踊り」が踊られます。

きつねの夫婦を誰が演じるかは毎年秘密

いい天気なのに雨がふることを「きつねの嫁入り」という

新婦役になった女性はよいパートナーとめぐり会えるんだって！

注目のお祭り

西日本きっての荒祭り
裸坊祭
（防府天満宮御神幸祭）

地域：防府市
時期：11月第4土・日曜日
期間：2日間

寛弘元年（1004年ごろ）、一条天皇がはじめて北野天満宮に来られたとき、勅使が防府天満宮に遣わされたことに由来するお祭り。午後6時、花火の音を合図に、身を清めた数千人の裸坊が神社の拝殿になだれこみます。白装束の裸坊たちにかつがれて、神様の乗った2基の御網代輿は、石段をすべり落ちるようにおりていきます。御網代輿に少しでもさわれば、願いがかなうといわれています。

兄弟わっしょい

徳島県

吉野川の清流が流れ、昔から藍染め製品が作られている

徳島市

地域：徳島市　時期：8月中旬　期間：4日間

阿波踊り

400年以上の歴史がある阿波踊り。起源は、「1587年に徳島城完成祝いに町民が踊った」など、いろいろな説があります。踊りは、腰を落として踊るダイナミックな男踊り、かろやかに踊る女踊り、元気な子供踊りと少しずつ違います。

女性は編笠をかぶってゆかた姿に下駄、男性ははっぴ姿に手ぬぐいでほおかむりをする

踊る阿呆に見る阿呆
同じ阿呆なら踊らにゃ損損

鉦
リズムにはなやかさをそえる打楽器

阿波踊りを盛り上げる鳴り物

鼓（てんてん）
テンテンとリズムを刻む

大太鼓
ドンドンと低くひびく

三味線
歯切れのよい音色

締太鼓
ポポンとかろやかな音

笛
高い音でいろどりをそえる

香川県

瀬戸内気候で雨が少なく、日本で一番面積の狭い県

琴平町　小豆島町

地域：琴平町　時期：4月10日　期間：1日

桜花祭

琴平山の中腹にある金刀比羅宮は、航海の安全を願う海の神様。春には、満開の桜を神様にお供えする桜花祭が行われます。神職と巫女の行列は、奏でられる雅楽の演奏とともに出発。かんむりに桜の枝をさした神職と、手に桜の枝をもった巫女が、桜馬場を通って御本宮までの長い石段をあがっていきます。

昔は旧暦の3月10日に行われたので、「三月祭」や「桜の会」とも呼ばれた

御本宮では「大和舞」と「八少女舞」が奉納される

笛や笙も歩きながら奏でられるよ。雅楽とともに行列が進むんだ！

歌舞伎の衣装や道具は、江戸時代から伝わるものもある

地域：小豆島町　時期：10月第2日曜日　期間：1日

中山春日神社奉納歌舞伎

小豆島は、歌舞伎の島といわれるほど農村歌舞伎が盛んでした。お伊勢参りに行った人々が大阪で上方歌舞伎を見て感動し、それをもち帰ったものといわれています。一番盛んだったころには30ヶ所もしばい小屋がありました。

演じる役者は地域の住民。観客も知り合い同士なので、歓声が飛びかう。舞台と客席が一つになるのが農村歌舞伎の楽しさ

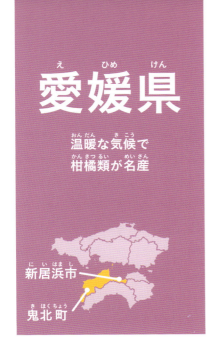

愛媛県

温暖な気候で柑橘類が名産

地域：新居浜市　時期：10月16日〜18日　期間：3日間

新居浜太鼓祭り

市内の9つの地区から、大きな太鼓台が50台以上も登場するお祭り。1台あたり150人ほどの「かき夫」というかつぎ手が太鼓台を動かし、町をねり歩きます。車輪を外した太鼓台を集めて、かき夫の力でかつぎ上げる「かきくらべ」は迫力満点。

江戸時代には、豊年の秋に感謝して太鼓を打ち、氏神に奉納するお祭りだった

太鼓台は、高さ約5.5メートル、長さ約12メートル、重さは約3トン

ソーリャ、エイヤー、エイヤー

ヨイヤーサー、サーサー

とても大きな山車だね〜

注目のお祭り

ルーツは東北
清水の五つ鹿踊り

地域：鬼北町
時期：11月15日
期間：1日

雄鹿役4人、白い雌鹿役1人が鹿の面をつけて踊ります。東北の戦国大名・伊達政宗の長男である秀宗が、宇和島藩主に就いたとき、仙台の鹿踊りを連れてきて藩内に広めたといわれています。このため、東北の鹿踊りの古い形が残った、歴史的にも貴重なお祭りです。

高知県

太平洋に面して
雨が多く暖かい気候

高知市

地域：高知市　時期：8月9日〜12日　期間：4日間

よさこい祭り

よさこい祭りは、世の中が不況になった1954年、暗い雰囲気を吹き飛ばそうとはじめられました。最初は盆踊りスタイルでしたが、1980年ごろから、衣装も踊りの音楽もふり付けも、現代的なものに変わっていきました。踊りのふり付けも自由。流す曲も自由、手に鳴子さえもてば、どんな衣装でもかまいません。

伝統的な音楽からロックバンドの演奏までいろいろ！髪型や衣装にも踊り手がそれぞれ工夫をこらす

鳴子はスズメなどを追いはらうために、畑で使ったんだって！

カチャカチャ

自由な踊りのたった一つの決まりが鳴子をもつこと。カチャカチャと鳴らす鳴子がアクセント

九州沖縄地方

- P.48 福岡県　博多どんたく港まつり／博多祇園山笠
- P.49 佐賀県　唐津くんち／白鬚神社の田楽
- P.50 長崎県　長崎くんち／チャンココ
- P.51 熊本県　山鹿灯籠まつり／おんだ祭り
- P.52 大分県　ホーランエンヤ／姫島盆踊
- P.53 宮崎県　高千穂の夜神楽／熊襲踊り
- P.54 鹿児島県　知覧のソラヨイ／ボゼ祭り
- P.55 沖縄県　沖縄全島エイサーまつり

福岡県

中国・朝鮮との交流の歴史。
今もアジア諸国との玄関口

福岡市

地域：福岡市　時期：5月3日・4日　期間：2日間

博多どんたく港まつり

原形は、1179年にはじまったと記録されている「松ばやし」。もともとは新年の行事で、三福神が馬に乗って進むものです。それに続いて、子供たちは祝い歌を歌い、大人たちは笠鉾を立てたりしゃもじを打ち鳴らしたりしながらねり歩きます。

「どんたく」とは、オランダ語で休日をあらわすゾンタークのこと！

三福神は、福神、恵比須、大黒。
とくに恵比須はめずらしい夫婦恵比須で、後ろには女恵比須がいる

お祭りの最後の「総踊り」には、観光客も飛び入りで参加できる

地域：福岡市　時期：7月1日〜15日　期間：15日間

博多祇園山笠

770年以上も続く、櫛田神社の奉納神事。町の男たちが、重さ約1トンの「舁き山笠」をかついで博多中をかけめぐります。これとは別に、期間中は高さ15メートルもある「飾り山笠」が町のあちこちにかざられます。

舁き山笠

オッショイ
オイサッ、
オイサッ

飾り山笠

明治になって町に電線が張られるまでは、今の「飾り山笠」サイズの大きなものをかついで走っていた

佐賀県

北は玄界灘、南は有明海。
海苔、ハウスみかんの
生産量は全国1位

唐津市
佐賀市

地域：唐津市　時期：11月2日〜4日　期間：3日間

唐津くんち

唐津神社の秋祭り。赤、青、金などあざやかな色をした、台車に乗った鯛や獅子の形の「曳山」を、街中で曳きまわします。江戸時代の終わりごろに、刀町の石崎嘉兵衛が仲間たちといっしょに「赤獅子」を作ったのが、現在の「曳山」のはじまりといわれています。

金箔や銀箔でかざられた曳山は、高さ7メートルあまり、重さは約2〜3トン

曳山は何百枚もの和紙を貼り合わせ、麻布を重ね、うるしを塗って作る

お囃子に使われる楽器は、大太鼓、締太鼓、鐘、笛の四つ。小中高生も演奏してお祭りを盛り上げる

エンヤエンヤ

曳子の数は約200人をこえる

世界最大の漆工芸品だよ！

注目のお祭り

子供たちが演じる 白鬚神社の田楽

地域：佐賀市
時期：10月18日・19日
期間：2日間

佐賀県ではただ一つ残った田楽。神社の前の、青竹で囲った舞台で演じます。花をもつ「ハナカタメ」や、ビンザサラという楽器を演奏する「ササラツキ」など、踊り手のほとんどを子供がつとめる稚児田楽です。1時間半ほどの静かな舞で、古い田楽の様子がわかります。

長崎県

鎖国の時代にも海外と交易した外国文化が生きる町

五島市
長崎市

地域：長崎市　時期：10月7日〜9日　期間：3日間

長崎くんち

諏訪神社の秋の例大祭。1634年、2人の女性が諏訪神社に舞を奉納したことがはじまりといわれています。約1トンの太鼓台を投げ上げて片手で受け止める演出が見事な「太鼓山（コッコデショ）」や、中国船の形の山車を曳きまわす「唐人船」など、市内59の「踊町」が7年ごとのもちまわりでそれぞれの町の演し物を奉納します。

演し物は、市内の家や店の前などでもひろうされる。「庭先回り」と呼ばれ、福をおすそわけし、お祝いするもの

「龍踊」は、龍が体をくねらせて玉を追いかける演し物

旧暦の9月9日を祝うのは中国の風習。「くんち」も「くにち」がなまったものといわれているよ

ひろう中は中国風の打楽器 銅鑼と爆竹が鳴りひびく

注目のお祭り

腰みので踊る
チャンココ

地域：五島市
時期：8月13日〜15日
期間：3日間

五島列島の福江に伝わる、お盆の念仏踊りです。鐘の「チャン」と太鼓のふちをたたく「ココ」という音から、この名前がついたといわれています。腰みのをつけ、輪になって踊る姿は、まるで南の国のお祭りのようです。

熊本県

雄大な阿蘇のカルデラ。
特産物はトマト、スイカ、畳のイグサ

地域：山鹿市　時期：8月15日・16日　期間：2日間

山鹿灯籠まつり

町や団体ごとに灯籠を奉納する、大宮神社の例祭です。その昔、山鹿をおとずれた景行天皇を出迎えるため、松明をささげたのがはじまりといわれています。クライマックスは「千人灯籠踊り」。ゆかた姿の千人の女性が灯籠を頭に乗せ、「よへほ節」に合わせてゆうがに踊ります。

千人の灯籠のあかりは、幻想的な光の輪になって暗やみでゆらめくよ

「よへほ節」は明治時代から歌われはじめたもの。
もともとは男女の恋愛を語る歌詞だった

山鹿灯籠

木や金具を使わず、和紙とのりだけで作られる芸術品。「神殿づくり」や「座敷づくり」など形もさまざま

注目のお祭り

あぜ道を「宇奈利」が歩く おんだ祭り

地域：阿蘇市
時期：7月28日
期間：1日

阿蘇神社の12の神様たちが、その年に植えられた田んぼを見まわりに行くという神事です。神様たちが乗った神輿に200人ほどの行列がお供しますが、中でも神秘的なのは「宇奈利」という14人の女性。目だけを出した全身白装束で、神様のごちそうが入った櫃を頭に乗せて運びます。

大分県

日本一の温泉県。
かぼす、干ししいたけの生産量トップ

姫島村
豊後高田市

地域：豊後高田市　時期：1月上旬の日曜日　期間：1日

ホーランエンヤ

磯町地区で行われるお正月の行事です。江戸時代中期、年貢米を積んだ船の航海安全を祈ったのがはじまりですが、やがて漁師の豊漁祈願も兼ねるように。「宝来船」は河口近くから、川上の若宮八幡宮に向かいます。岸からご祝儀が差し出されると、ふんどし姿のこぎ手が川に飛び込んで取りに行き、見物客をわかせます。

お祭りの日付が決まっていないのは、昼間に満潮が来る日を選ぶため

宝来船

はなやかな大漁旗がきれいだね！

ホーランエンヤ、エンヤサノサッサ

宝来船からは、岸の見物客に向けて縁起物の紅白餅をまく

注目のお祭り

国東半島の北で約50組が競演
姫島盆踊

地域：姫島村
時期：8月14日～16日
期間：3日間

傘と手ぬぐいがユーモラスな「キツネ踊り」、男女2人で踊る「アヤ踊り」、「猿丸太夫」という女性の手踊りなど、数々のユニークな盆踊が伝わっています。そんな伝統踊りを守りつつ、盛んなのが創作踊り。タヌキのメイクをした子供たちの「タヌキ踊り」など、今でも毎年新たな盆踊が生み出されています。

宮崎県

太陽と緑がいっぱい。
豊かな照葉樹林と神話の里

高千穂町
庄内町

地域：高千穂町
時期：11月中旬～2月上旬　※集落ごとに異なる　期間：数日間

高千穂の夜神楽

秋の収穫に感謝し翌年の豊作を祈る、平安時代から続く神事です。「神楽宿」となる民家や公民館に「神庭」を設け、神楽宿の屋根には弓矢と御幣を、神庭には氏神様が宿る依代を置きます。そして「神迎え」の儀式で神楽宿に氏神様をお迎えし、一晩かけて『古事記』や『日本書紀』に描かれた全33番の演目を舞い、奉納します。

舞の順序や内容は集落ごとに少し違うが、序盤の「式三番」と呼ばれる演目はとくに重要で、どこでも必ず舞う

岩戸に隠れた天照大神が再び姿をあらわすまでを描いた23番から27番も、「岩戸五番」と呼ばれる人気の演目

舞い手がもつ鈴の音は神様の言葉、太刀の動きは悪い霊をはらう力をあらわすんだ！

注目のお祭り

バラ太鼓をたたいて踊る 熊襲踊り

地域：庄内町
時期：11月28日
期間：1日

熊襲とは、当時の南九州でしばしば反乱をおこしていた勢力のことです。庄内町に伝わるこの踊りは、景行天皇の息子・ヤマトタケルが熊襲のリーダーを倒したと聞いて喜ぶ、村人の様子をあらわしたものといわれています。踊り手は竹で編んだザルのようなバラ太鼓を腹にくくりつけてたたきながら、4人の鉦に合わせて踊ります。

鹿児島県

日本の南の玄関口。
鉄砲もキリスト教も
ここから伝来

南九州市
十島村

地域：南九州市知覧町　時期：旧暦8月15日　期間：1日

知覧のソラヨイ

満月の晩に行われる十五夜の行事です。子供たちは綱引きをしたあと、稲わらの腰みのと三角の笠をつけ、精霊の姿になります。稲わらで作った「ヤマガサ」のまわりで「ソラヨイ、ソラヨイ」と歌いながら四股を踏みます。ヤマガサは、最後には子供たちの手でこわされてしまいます。

頭にかぶる笠は、
子供の学年によって
形やマゲの数が違う

ソラヨイに参加するのは、
7歳から14歳までの男の子だけ

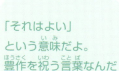
ソラヨイ、ソラヨイ

「それはよい」
という意味だよ。
豊作を祝う言葉なんだ

注目のお祭り

健康や幸運をもたらす
ボゼ祭り

地域：十島村
時期：旧暦7月16日
期間：1日

屋久島と奄美大島の中ほどに浮かぶ悪石島は、人口約70人の亜熱帯の島です。お盆の最終日、ビロウの葉をまとった仮面神ボゼが現れ、赤土（アカシュイ）のついた「マラ棒」をもって人間を追いかけまわします。この赤土がつくと、悪霊がはらわれ、健康や幸運がもたらされるといわれています。

沖縄県

美しい海に囲まれ、一年を通して温暖な気候

沖縄市

地域：沖縄市
時期：旧暦7月15日すぎの翌週末の金曜日〜日曜日　期間：3日間

沖縄全島エイサーまつり

「エイサー」は、旧盆に先祖の霊をなぐさめるために踊る芸能です。1956年、コザ市（今の沖縄市）が生まれたときにはじまったエイサーコンクールが、現在のエイサーまつりの元になりました。沖縄各地の伝統的なエイサーのほか、独自の音楽やふり付けの創作エイサーもひろうされます。

エイサーを見たときの感激を、沖縄の人は「チムドンドン」と表現するんだって！

大太鼓や締め太鼓を使うものや「パーランクー」という片面だけの太鼓を使うもの、太鼓を使わず手踊りだけのエイサーもある

お祭りの締めくくりは、全員で踊る「カチャーシー」。沖縄の言葉で「かき混ぜる」という意味

踊りながら念仏を唱える、浄土宗の「念仏踊り」がはじまりともいわれている

お祭りマメ知識

神輿と山車のちがい

神輿

山車

神様が宿るとされるご神体や神様の霊が乗るもの。神輿の「輿」は昔の乗り物の一つで、神社に似せて作っている。神輿に棒をつけて、大勢の人がかついで移動するので山車よりも高さが低く、小まわりがきく。

神様も人も乗ることができ、自然の山を真似して作っている。山車の上で囃子の演奏やしばいなどが行われる。車輪がついていて、人々に引かれて移動する。山をイメージして作っているため、神輿よりもサイズが大きいものがある。地域によって、「山車」、「山車」、「山笠」、「山鉾」、「屋台」などと呼ばれる。

お祭りで使う道具

ちょうちん

お面

花笠

神様や鬼にふんして、お祭りや舞を行うときにかぶるもの。代表的なものに「おかめ」、「ひょっとこ」、「天狗」がある。

昔からある日本独特の照明。ひごを骨とし、紙を張り、上下に口輪をつけて折りたためるようになっている。

厄よけや無病息災を祈るために、美しい花をつけた傘。山車にかざったり、人が手にもったりして町をねり歩く。

竹永絵里（たけなが・えり）

イラストレーター。多摩美術大学美術学部情報デザイン学科卒業。
F-SCHOOL OF ILLUSTRATION、山田博之イラストレーション講座受講。
書籍、広告、WEB、雑貨デザインなどで活躍中。
多くの人に親しまれるイラストを描く。
近年は、海外でも個展やワークショップを開催。趣味は旅行！
HP：http://takenagaeri.com

編集：ナイスク（http://naisg.com）
プロデューサー：松尾里央
高作真紀／中野真理／鶴田詩織／三東有紀／原宏太郎
執筆：館野公一
校正：山川稚子
装丁・デザイン：遠藤亜由美

本書では、同じ漢字表記のものでも、ふりがなや送りがなの表記が
異なる場合がありますが、それぞれの地域の名称を尊重しております。
また、お祭りの開催時期や期間は年や状況によって変更になる場合があります。
詳しい情報を入手したい場合は、各地の観光課、観光協会、主催者などにお問い合わせ下さい。

わくわく発見！
日本のお祭り

2017年1月20日　初版印刷
2017年1月30日　初版発行

画：竹永絵里
発行者：小野寺優
発行所：株式会社河出書房新社
〒151-0051　東京都渋谷区千駄ヶ谷2-32-2
電話　03-3404-8611（編集）03-3404-1201（営業）
http://www.kawade.co.jp/

印刷・製本　図書印刷株式会社
Printed in Japan　ISBN978-4-309-61341-3
落丁・乱丁本はお取り替えいたします。
本書のコピー、スキャン、デジタル化等の無断複製は著作権法上での例外を
除き禁じられています。本書を代行業者等の第三者に依頼してスキャンや
デジタル化することは、いかなる場合も著作権法違反となります。

日本（にほん）のお祭（まつ）りクイズ

わかるかな？

北海道（ほっかいどう）・東北地方（とうほくちほう）

雪（ゆき）の彫刻（ちょうこく）が
作（つく）られるお祭（まつ）りは？

→ 答（こた）えは4ページ

関東地方（かんとうちほう）

1000人（にん）の武者（むしゃ）が行列（ぎょうれつ）に
なって進（すす）むお祭（まつ）りは？

→ 答（こた）えは13ページ

中部地方（ちゅうぶちほう）

凧（たこ）あげ合戦（がっせん）が有名（ゆうめい）な
お祭（まつ）りは？

→ 答（こた）えは27ページ